4

Beim Verzieren von Plätzchen

können Sie Ihrer Phantasie freien Lauf lassen und brauchen keineswegs alles zu kaufen, was dafür angeboten wird. Die gezeigten Zutaten sind auch nicht ausschließlich zum Verzieren da. Nüsse, Mandeln, Orangeat oder Rosinen beispielsweise gehören auch in manchen Teig. Das aufgeschlagene Ei weist darauf hin, daß beim Backen meiner Rezepte grundsätzlich Eier der Gewichtsklasse 4, die 60 Gramm wiegen, verwendet werden sollen.

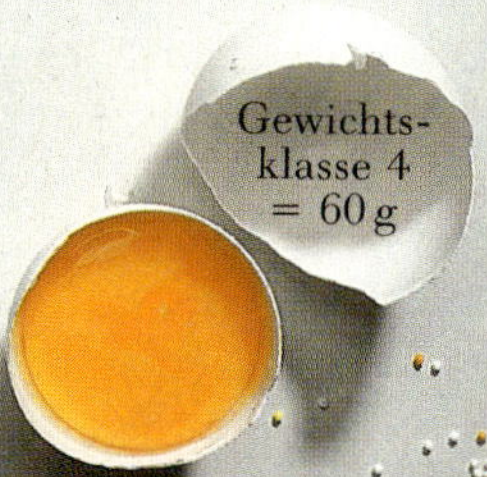

Übrigens: kJ und kcal unter jedem Rezept bedeuten Kilojoule und Kilokalorien. Die Umgangssprache sagt dazu Joule und Kalorien.

13

14

Mandelmakrönchen

Feine Mandelmakrönchen sind außen zartgelb und knusprig, innen aber noch weich.

Zutaten für etwa 90 Stück:
500 g ungeschälte Mandeln · 375 g feiner Zucker · 5 Eiweiße · 90 runde Oblaten von 4 cm Ø

- Vorbereitungszeit: 1 Stunde
- Backzeit: 25–30 Minuten pro Blech

1

Die Mandeln in eine Schüssel geben, mit kochendheißem Wasser übergießen und 3 Minuten darin ziehen lassen. Die Mandeln dann in ein Sieb schütten, mit kaltem Wasser abbrausen und die nun lockere braune Haut von den Mandeln streifen. Die Mandeln zum Trocknen auf ein ausgebreitetes Küchentuch legen.

2

Die Mandeln durch eine Mandelmühle drehen oder im Mixer mahlen. Die gemahlenen Mandeln in einer Schüssel mit dem Zucker mischen.

3

Die Eiweiße zu steifem Schnee schlagen.

4

Den Eischnee mit einem Rührlöffel unter die Mandelmasse heben.

5

Den Backofen auf 140° vorheizen. Die Backoblaten auf dem Backblech verteilen.

6

Von der Makronenmasse mit einem nassen Teelöffel kleine Häufchen abstechen und auf die Oblaten setzen.

7

Die Makrönchen im vorgeheizten Backofen auf der mittleren Schiene in 25 bis 30 Minuten mehr trocknen lassen als backen, sie sollen hellbraun sein.

8

Die Makrönchen vom Blech heben, auf einem Kuchengitter abkühlen lassen und die Oblaten abziehen oder die Ränder so weit abbrechen, daß man sie nicht mehr sieht.

Pro Plätzchen etwa 220 kJ/50 kcal
1 g Eiweiß · 3 g Fett · 6 g Kohlenhydrate

Mandelmakrönchen

Kirschbrötchen

Beim Einkauf der kandierten Kirschen darauf achten, daß sie möglichst bunt sind.

Zutaten für etwa 50 Stück:
150 g kandierte Kirschen · 125 g weiche Butter · 2 Eier · 100 g Zucker
2 Teel. abgeriebene Schale von 1 unbehandelten Zitrone
2 Teel. Zitronensaft · 1 Prise Salz
200 g Mehl
Für das Backblech:
Fett und Backtrennpapier

- Vorbereitungszeit: 90 Minuten
- Backzeit: 15 Minuten pro Blech

1

Die Kirschen sehr klein würfeln.

2

Die Butter in kleine Stücke teilen und in eine Rührschüssel geben.

3

Die Eier aufschlagen und die Eigelbe von den Eiweißen trennen. Die Eiweiße in ein hohes Gefäß geben, in dem man sie zu Eischnee schlagen kann.

4

Die Eigelbe mit dem Zucker, der Zitronenschale und dem Zitronensaft zur Butter geben und alles schaumig rühren.

5

Das Salz zum Eiweiß geben und das Eiweiß zu sehr steifem Schnee schlagen.

6

Die Kirschen unter die Buttermasse rühren und den Eischnee darüber häufen. Das Mehl über den Eischnee sieben. Alles mit einem Rührlöffel zu einem festen Teig vermengen.

7

Den Backofen auf 180° vorheizen. Das Backblech einfetten und mit Backtrennpapier auslegen.

8

Vom Teig mit 2 Teelöffeln kleine Häufchen mit genügend Abstand voneinander auf das Backblech setzen. Die Plätzchen auf der mittleren Schiene im Backofen in 15 Minuten goldbraun backen, dann mit einem breiten Messer zum Abkühlen auf ein Kuchengitter legen.

Pro Plätzchen etwa 220 kJ/50 kcal
1 g Eiweiß · 2 g Fett · 7 g Kohlenhydrate

Kirschbrötchen

Orangenherzen

Sie schmecken auch ohne Glasur,
so, wie sie aus dem Ofen kommen.

Zutaten für etwa 60 Stück:
125 g weiche Butter · 100 g zartbittere Schokolade · 125 g Zucker · 1 Prise Salz
1 Ei · abgeriebene Schale von 1 unbehandelten Orange · 200 g Mehl
1 Teel. Backpulver · 100 g Puderzucker
3 Eßl. Orangensaft · Bunte Zuckerstreusel zum Verzieren
Für das Backblech:
Fett und Backtrennpapier

- Vorbereitungszeit: 90 Minuten
- Kühlzeit: 2 Stunden
- Backzeit: 10 bis 20 Minuten pro Blech

1

Die Butter auf einem Brett in kleine Stücke schneiden.

2

Die Schokolade auf einem Reibeisen reiben oder in der Mandelmühle mahlen.

3

Die Butter mit dem Zucker, dem Salz, dem Ei und der Orangenschale verrühren.

4

Das Mehl mit dem Backpulver über die Butter-Zucker-Masse sieben und die Schokolade darüberstreuen. Alles rasch zu einem geschmeidigen Teig verkneten. Den Teig zu einer Kugel formen und in Alufolie gewickelt 2 Stunden kühl stellen.

5

Den Backofen auf 200° vorheizen. Das Backblech einfetten und mit Backtrennpapier auslegen.

6

Den Teig halbieren und jede Portion nacheinander auf einer bemehlten Arbeitsfläche ½ cm dick ausrollen (Seite 18/19). Mit einem Förmchen Herzen ausstechen und diese mit genügend Abstand voneinander auf das Backblech legen.

7

Die Plätzchen auf der mittleren Schiene des Backofens etwa 10 bis 12 Minuten goldgelb backen. Die fertigen Plätzchen mit einem breiten Messer zum Abkühlen auf ein Kuchengitter legen.

8

Den Puderzucker in eine Schüssel sieben, mit dem Orangensaft verrühren. Jedes Plätzchen mit dieser Glasur bestreichen, mit Zuckerstreuseln bestreuen (Seite 18/19) und die Glasur gut trocknen lassen.

Pro Plätzchen etwa 230 kJ/55 kcal
1 g Eiweiß · 2 g Fett · 8 g Kohlenhydrate

Orangenherzen

Schokostangen

Keine Angst vor dem Umgang mit Kuvertüre – es geht ganz leicht.

Zutaten für etwa 100 Stangen:
200 g Mehl · ½ Päckchen Backpulver
50 g Zucker · 75 g Butter · 1 Ei
100 g Schokoladenkuvertüre
Für das Backblech:
Fett und Backtrennpapier
● Vorbereitungszeit: 90 Minuten
● Ruhezeit: 1 Stunde
● Backzeit: 15 Minuten pro Blech

1

Das Mehl mit dem Backpulver mischen und in eine große Rührschüssel sieben. Den Zucker über das Mehl streuen.

2

Die Butter auf einem Brett in kleine Stücke schneiden und zum Mehl geben. Die Eier aufschlagen und hinzufügen.

3

Alle Zutaten zunächst mit dem Rührlöffel gut vermischen. Zuletzt alles mit den Händen durchkneten, bis ein geschmeidiger, aber fester Teig entstanden ist. Den Teig zugedeckt 1 Stunde ruhen lassen.

4

Den Backofen auf 200° vorheizen. Das Backblech mit Fett bestreichen und mit Backtrennpapier auslegen.

5

Mit bemehlten Händen aus dem Teig bleistiftdicke Rollen formen und in 5 cm lange Stücke schneiden.

6

Die Stangen auf der mittleren Schiene im Backofen in 15 Minuten goldbraun backen. Die fertig gebackenen Stangen auf einem Kuchengitter abkühlen lassen.

7

Die Kuvertüre bei ganz schwacher Hitze (Automatikplatte kleinste Stufe oder Wasserbad) in einem kleinen Töpfchen schmelzen lassen.

8

Die Stangen an beiden Enden in die Kuvertüre tauchen und diese dann auf Pergamentpapier legen, damit die Schokoladenglasur trocknen kann (Seite 18/19).

Pro Plätzchen etwa 90 kJ/20 kcal
0 g Eiweiß · 1 g Fett · 3 g Kohlenhydrate

Schokostangen

Shortbread fingers

Das ist ein zartes englisches Teegebäck.

Zutaten für etwa 40 Stück:
300 g Butter · 200 g Zucker · 2 Prisen Salz
500 g Mehl · 150 g sehr feiner Zucker
Für das Backblech:
Fett und Backtrennpapier
● Vorbereitungszeit: 40 Minuten
● Kühlzeit: 2 Stunden
● Backzeit: 20 bis 25 Minuten

1

Die Butter auf einem Brett in kleine Stücke schneiden, in eine Schüssel geben und in heißes Wasser stellen, damit die Butter weich wird.

2

Den Zucker und das Salz unter die Butter rühren. Das Mehl darübersieben und alle Zutaten rasch zu einem festen Teig verkneten.

3

Den Teig zu einer Kugel formen, in Alufolie oder Pergamentpapier einwickeln und 2 Stunden im Kühlschrank ruhen lassen.

4

Den Backofen auf 190° vorheizen. Das Backblech mit Fett bestreichen und mit Backtrennpapier auslegen.

5

Den kühlen Mürbeteig auf einer leicht bemehlten Arbeitsfläche mit einem bemehlten Rollholz etwa 1½ cm dick zu einem Rechteck rollen (Seite 18/19). Das Rechteck locker zu einer Rolle formen, diese auf das Backblech legen und dort wieder auseinanderrollen.

6

Das Teigblatt mit einer Gabel gleichmäßig einstechen und das Backblech auf die mittlere Schiene in den Backofen schieben. Die Teigplatte in 20 bis 25 Minuten goldgelb backen.

7

Den Teig noch heiß gleich nach dem Backen mit einem scharfen Messer in 2½ × 7 cm große Streifen schneiden.

8

Den feinen Zucker auf einen Teller schütten. Die Streifen mit einem breiten Messer vom Blech heben und behutsam von beiden Seiten in dem Zucker wenden (Seite 18/19).

9

Die Shortbread fingers auf einem Kuchengitter abkühlen lassen.

Pro Plätzchen 570 kJ/140 kcal
1 g Eiweiß · 7 g Fett · 18 g Kohlenhydrate

Shortbread fingers

Feine Schokoladentaler

Sie werden etwas fester in der Konsistenz, wenn man sie vor dem Backen auf kleine Oblaten setzt.

Zutaten für etwa 50 Stück:
150 g Schokoladenpulver
150 g gemahlene Mandeln · 150 g Zucker
1 Prise Salz · 1 Eßl. Mehl · 3 Eier
100 g Puderzucker
Für das Backblech:
Fett und Backtrennpapier
● Vorbereitungszeit: 1 Stunde
● Kühlzeit: 1 Stunde
● Backzeit: 12 bis 15 Minuten pro Blech

1

Das Schokoladenpulver, die Mandeln, den Zucker, das Salz und das Mehl in eine Schüssel geben.

2

Die Eier aufschlagen und mit einem Rührlöffel unter die Schokoladenmischung rühren, zuletzt kneten.

3

Den Teig zu einer Kugel formen, in Pergamentpapier wickeln und 1 Stunde kühl stellen.

4

Den Backofen auf 200° vorheizen. Das Backblech einfetten und mit Backtrennpapier auslegen.

5

Die Fingerspitzen in Puderzucker tauchen, vom Teig etwa walnußgroße Stückchen abnehmen und diese wie Häufchen auf das Backblech setzen. Die Plätzchen auf der mittleren Schiene im Backofen 12 bis 15 Minuten backen.

6

Die fertig gebackenen Schokoladentaler mit einem breiten Messer oder mit dem Pfannenwender vom Blech nehmen und auf einem Kuchengitter kalt werden lassen.

7

Den restlichen Puderzucker in ein Sieb geben und die Schokoladentaler damit üppig besieben.

Pro Plätzchen etwa 260 kJ/60 kcal
1 g Eiweiß · 3 g Fett · 7 g Kohlenhydrate

Feine Schokoladentaler

Husarenkrapferl

Zum Aufbewahren in einer Blechdose zwischen jede Lage ein Stück Pergamentpapier legen, damit sie nicht aneinanderkleben.

Zutaten für etwa 145 Stück:
150 g weiche Butter · 150 g Zucker
1 Päckchen Vanillinzucker · 1 Prise Salz
2 Eigelbe · 100 g gemahlene Haselnüsse
200 g Mehl · 4 Eßl. Puderzucker
100 g Johannisbeergelee
Für das Backblech:
Fett und Backtrennpapier

- Vorbereitungszeit: 90 Minuten
- Kühlzeit: 2 Stunden
- Backzeit: 12 bis 15 Minuten pro Blech

1

Die Butter in kleine Stücke teilen und in eine Rührschüssel geben. Die Butter mit dem Zucker, dem Vanillinzucker, dem Salz und den Eigelben verrühren.

2

Die gemahlenen Haselnüsse und das Mehl auf eine Arbeitsplatte schütten. In die Mitte eine Vertiefung drücken und das Butter-Zucker-Gemisch hineingeben. Alle Zutaten rasch zu einem geschmeidigen Teig verkneten. Den Teig in zwei Portionen teilen, in Alufolie oder Pergamentpapier einwickeln und 2 Stunden im Kühlschrank ruhen lassen.

3

Den Backofen auf 200° vorheizen. Das Backblech einfetten und mit Backtrennpapier auslegen.

4

Aus dem Mürbeteig mit bemehlten Händen eine etwa 3 cm dicke Rolle formen. Von der Rolle etwa 1 cm dicke Scheiben abschneiden, Kugeln daraus formen und in jede Kugel mit einem Kochlöffelstiel eine kleine Vertiefung drücken.

5

Die Krapferl auf das Backblech legen und auf der mittleren Schiene im Backofen 12 bis 15 Minuten backen. Nach 12 Minuten prüfen, ob sie schon goldbraun sind, nötigenfalls noch einige Minuten nachbacken lassen. Die Krapferl mit einem breiten Messer vom Backblech heben und auf einem Kuchengitter abkühlen lassen.

6

Die abgekühlten Krapferl gleichmäßig mit dem Puderzucker besieben.

7

Das Johannisbeergelee mit einem kleinen Löffel in die Mitte der Krapferl füllen. Das Gelee einige Tage gut antrocknen lassen, ehe man die Krapferl zwischen Lagen aus Pergamentpapier in eine Dose schichtet.

Pro Plätzchen etwa 110 kJ/25 kcal
0 g Eiweiß · 1 g Fett · 3 g Kohlenhydrate

Husarenkrapferl

So wird's gemacht

Teig ausrollen

1 Den Teig auf der leicht bemehlten Arbeitsfläche länglich oder rund breitdrükken. Das Rollholz ebenfalls bemehlen.

2 Den Teig mit leichtem Druck des Rollholzes von innen nach außen in die gewünschte Form drücken.

3 Mit der flachen Hand unter den Teig fassen und prüfen, ob er nicht an der Arbeitsfläche haftet. Eventuell behutsam lösen und noch etwas Mehl auf die Fläche stäuben.

1

Plätzchen ausstechen

1 Förmchen oder Gläser in Mehl tauchen und Plätzchen ausstechen, oder mit dem Teigrädchen oder einem Messer Quadrate, Streifen oder Rauten ausschneiden.

2 Die Plätzchen mit Sahne, Milch, verquirltem Eigelb oder Eiweiß bestreichen, mit Zierzucker oder gehackten Nüssen bestreuen und auf das Backblech legen.

3 Teigreste mit einem frischen Teigstück rasch zusammenkneten. Beim Ausrollen möglichst wenig Mehl in den Teig arbeiten.

1

Plätzchen verzieren

1 Die fertigen Plätzchen mit Puderzucker oder Schokoladenpulver besieben. Oder in Zimt und Zucker wenden.

2 Gesiebten Puderzucker mit wenig Rum, Himbeersirup, Saft oder Wasser zu einer Glasur verrühren und diese auf die Plätzchen streichen; auf diese eventuell noch Zuckerstreusel oder ähnliches streuen.

3 Kuvertüre nach Vorschrift auflösen und die Plätzchen auf einer Gabel ganz oder nur stückweise eintauchen. Zum Trocknen auf Pergamentpapier legen.

1

2

3

2

3

2

3

Einfache Zimtsterne

Sie sollten nicht verwechselt werden mit den schwierig zu machenden Weihnachts-Zimtsternen.

Zutaten für etwa 60 Stück:
350 g Mehl · 2 Eßl. Zimt
200 g Puderzucker · 2 Eier · 150 g Butter
1 Eigelb · 2 Eßl. Rum
Für das Backblech:
Fett und Backtrennpapier

- Vorbereitungszeit: 90 Minuten
- Kühlzeit: 1 Stunde
- Backzeit: 12 bis 15 Minuten pro Blech

1

Das Mehl auf eine Arbeitsfläche sieben und in die Mitte eine Mulde drücken.

2

Den Zimt, den gesiebten Puderzucker und die Eier in die Mulde geben.

3

Die Butter auf einem Brett in Flöckchen schneiden und auf dem Mehlrand verteilen. Alle Zutaten rasch zu einem Mürbeteig verkneten.

4

Den Teig zu einer Kugel formen, in Alufolie oder Pergamentpapier einwickeln und 1 Stunde im Kühlschrank ruhen lassen.

5

Den Backofen auf 180° vorheizen. Das Backblech einfetten und mit Backtrennpapier auslegen.

6

Die Arbeitsfläche mit wenig Mehl bestäuben und den Teig mit einem mit Mehl bestäubten Rollholz ½ cm dick ausrollen. Aus dem Teig mit kleinen Förmchen Sterne ausstechen und auf das Blech legen (Seite 18/19).

7

Das Eigelb mit dem Rum verquirlen und die Plätzchen damit bepinseln.

8

Die Plätzchen dann auf der mittleren Schiene im Backofen 12 bis 15 Minuten goldgelb backen. Die fertigen Plätzchen mit einem breiten Messer zum Abkühlen auf ein Kuchengitter legen.

Pro Plätzchen etwa 230 kJ/55 kcal
1 g Eiweiß · 3 g Fett · 7 g Kohlenhydrate

Einfache Zimtsterne

Kleine Marokkaner

Mit Plätzchen aus zartem Baiser muß man behutsam umgehen.

Zutaten für etwa 40 Stück:
120 g ungeschälte Mandeln
60 g Blockschokolade · 1 Eßl. Cognac
2 Eiweiß · 120 g Puderzucker
Für das Backblech:
Fett und Backtrennpapier

- Vorbereitungszeit: 1 Stunde
- Backzeit: 15 Minuten pro Blech

1

Die ungeschälten Mandeln durch eine Mandelmühle drehen. Die Schokolade auf einem Reibeisen fein reiben.

2

Die Mandeln mit der Schokolade und dem Cognac gut mischen.

3

Das Eiweiß zu steifem Schnee schlagen, nach und nach den Puderzucker in den Eischnee sieben und gut unterrühren. Zwei Eßlöffel von der Eischneemasse abnehmen und beiseite stellen.

4

Den Backofen auf 150° vorheizen. Das Backblech einfetten und mit Backtrennpapier auslegen.

5

Die Mandel-Schokoladenmischung mit einem Rührlöffel behutsam unter den Eischnee heben (nicht rühren).

6

Vom Teig mit zwei nassen Teelöffeln Häufchen mit genügend Abstand voneinander auf das Blech setzen und jeweils in die Mitte einen haselnußgroßen Tupfen vom zurückbehaltenen Eischnee geben.

7

Die Plätzchen auf der mittleren Schiene im Backofen 15 Minuten backen. Die fertigen Marokkaner mit einem breiten Messer vom Backblech heben und auf einem Kuchengitter abkühlen lassen.

Pro Plätzchen etwa 170 kJ/40 kcal
1 g Eiweiß · 2 g Fett · 4 g Kohlenhydrate

Kleine Marokkaner

Ingwerschnitten

Eine amerikanische Spezialität.

Zutaten für etwa 50 Stück:
6 kandierte Ingwerpflaumen · 150 g Butter
100 g Zucker · 1 Ei · 1 Prise Salz · ½ Teel.
Ingwerpulver · 300 g Mehl · 2 Eigelbe
Für das Backblech:
Fett und Backtrennpapier

- Vorbereitungszeit: 40 Minuten
- Kühlzeit: 2 Stunden
- Backzeit: 15 Minuten pro Blech

1

Von den Ingwerpflaumen 3 in sehr feine Würfel schneiden; am besten mit einem Wiegemesser wiegen. Die restlichen Ingwerpflaumen in Würfel schneiden und die Würfel beiseite stellen.

2

Die Butter in kleine Stücke schneiden und in einer Schüssel mit dem Zucker, dem Ei, dem Salz, dem Ingwerpulver und den feingewiegten Ingwerpflaumen mischen.

3

Das Mehl über diese Masse sieben und alles schnell zu einem glatten Mürbeteig verkneten. Den Teig zu einer Kugel formen, in Alufolie oder Pergamentpapier einwickeln und mindestens 2 Stunden im Kühlschrank ruhen lassen.

4

Den Backofen auf 200° vorheizen. Das Backblech einfetten und mit Backtrennpapier auslegen.

5

Den Teig in 3 Teile teilen und portionsweise auf einer bemehlten Arbeitsfläche mit einem bemehlten Rollholz etwa ½ cm dick ausrollen (Seite 18/19). Aus der Teigplatte Rechtecke von 3 mal 5 cm schneiden.

6

Die Plätzchen auf das Backblech legen. Die Eigelbe mit einem Eßlöffel Wasser verquirlen. Mit einem Backpinsel das Eigelb auf den Plätzchen verstreichen.

7

Die Ingwerwürfel auf den Plätzchen verteilen und leicht eindrücken.

8

Die Plätzchen auf der mittleren Schiene im vorgeheizten Backofen 15 Minuten backen. Die Ingwerschnitten mit einem Pfannenwender vom Blech heben und zum Abkühlen auf ein Kuchengitter legen.

Pro Plätzchen etwa 240 kJ/55 kcal
1 g Eiweiß · 3 g Fett · 7 g Kohlenhydrate

Ingwerschnitten

Bunte Zuckerplätzchen

Für diese Plätzchen können alle möglichen Förmchen verwendet werden. Am nettesten sind die mit einem Loch in der Mitte, wie sie auf dem nebenstehenden Bild zu sehen sind.

Zutaten für etwa 150 Stück:
500 g Mehl · 250 g Zucker · 5 Eigelbe
4 Eßl. Sahne · 1 Päckchen Vanillinzucker
250 g Butter · 100 g bunte Zuckerstreusel
Für das Backblech:
Fett und Backtrennpapier
- Vorbereitungszeit: 35 Minuten
- Backzeit: 10 bis 15 Minuten pro Blech

1

Das Mehl auf eine Arbeitsfläche sieben, in die Mitte eine Vertiefung drücken und den Zucker, 3 Eigelb, 2 Eßlöffel Sahne und den Vanillinzucker in die Mitte geben.

2

Die Butter in Flöckchen auf dem Mehlrand verteilen. Alle Zutaten rasch von außen nach innen zu einem festen Teig verkneten.

3

Den Backofen auf 185° vorheizen. Das Backblech einfetten, mit Backtrennpapier auslegen.

4

Den Teig portionsweise auf einer leicht bemehlten Arbeitsfläche mit einem leicht bemehlten Rollholz ½ cm dick ausrollen. Mit einem Glas oder mit einem Förmchen mit gewelltem Rand Plätzchen ausstechen (Seite 18/19).

5

Die restlichen Eigelbe mit der restlichen Sahne verquirlen. Jedes Plätzchen mit der Eigelbsahne bestreichen, dazu braucht man einen Backpinsel. Auf jedes Plätzchen reichlich bunte Zuckerstreusel streuen.

6

Das Backblech auf der mittleren Schiene in den Backofen schieben und die Plätzchen in 10 bis 15 Minuten goldgelb backen.

7

Die fertigen Plätzchen mit einem Pfannenwender oder einem breiten Messer vom Blech heben und auf einem Kuchengitter abkühlen lassen.

8

Mit dem restlichen Teig wie beschrieben verfahren.

Pro Plätzchen etwa 151 kJ/36 kcal
0 g Eiweiß · 2 g Fett · 5 g Kohlenhydrate

Bunte Zuckerplätzchen

Heidesand

Heidesand schmeckt auch nach längerer Aufbewahrung in einer Blechdose noch ausgezeichnet.

Zutaten für etwa 140 Stück:
150 g Butter · 250 g Zucker · 1 Päckchen
Vanillinzucker · 375 g Mehl
2–3 Eßl. Milch · 100 g Hagelzucker
Für das Backblech:
Fett und Backtrennpapier
● Vorbereitungszeit: 90 Minuten
● Ruhezeit: 12 Stunden
● Backzeit: 12–18 Minuten pro Blech

1

Die Butter in kleine Stücke schneiden und diese in eine große Schüssel geben.

2

Den Zucker und den Vanillinzucker über die Butterstückchen schütten.

3

Das Mehl über die Backzutaten sieben, alles rasch zu einer geschmeidigen Masse zusammenkneten und nach und nach so viel von der Milch hinzufügen, daß der Teig sich gut verarbeiten läßt.

4

Aus dem Teig zwei gleich große Rollen von etwa 4 cm Ø formen und jede Rolle in Alufolie gewickelt mindestens 12 Stunden kühl stellen.

5

Den Backofen auf 180° vorheizen. Das Backblech leicht einfetten und mit Backtrennpapier auslegen.

6

Eine Teigrolle aus dem Kühlschrank nehmen. Den Hagelzucker in einen flachen Teller schütten und die Teigrolle darin wenden. Den Zucker etwas andrücken, damit er haften bleibt. Mit einem sehr scharfen und möglichst dünnen Messer in etwa ½ cm dicke Scheiben schneiden. Das ist nicht ganz einfach, denn die Teigscheiben brechen leicht.

7

Die Scheiben vorsichtig mit einem breiten Messer auf das Backblech legen und die Plätzchen auf der mittleren Schiene des Backofens hellgelb backen. Nach 12 Minuten prüfen, ob die Plätzchen schon etwas Farbe angenommen haben und, wenn nötig, so lange weiterbacken, bis sie richtig gelb sind. Die fertigen Heidesand-Plätzchen mit einem breiten Messer zum Abkühlen auf ein Kuchengitter legen.

8

Die zweite Teigrolle ebenso verarbeiten.

Pro Plätzchen etwa 150 kJ/35 kcal
0 g Eiweiß · 2 g Fett · 5 g Kohlenhydrate

Heidesand

Spitzbuben

Die Glasur macht die Plätzchen saftig und frisch.

Zutaten für etwa 60 Stück:
375 g Mehl · 125 g Zucker · 1 Päckchen
Vanillinzucker · 250 g kalte Butter
100 g Himbeermarmelade
100 g Puderzucker · Saft von 1 Zitrone
Für das Backblech:
Fett und Backtrennpapier
● Vorbereitungszeit: 75 Minuten
● Kühlzeit: 1 Stunde
● Backzeit: 10 bis 12 Minuten pro Blech

1

Das Mehl auf eine Arbeitsfläche sieben, in die Mitte eine Vertiefung drücken und den Zucker und den Vanillinzucker in die Mitte geben.

2

Die Butter in Stückchen schneiden und auf dem Mehlrand verteilen. Alles rasch mit kalten Händen zu einem geschmeidigen Teig verarbeiten. Den Teig zu einer Kugel formen, in Alufolie gewickelt 1 Stunde kühl stellen.

3

Den Backofen auf 190° vorheizen. Das Backblech einfetten und mit Backtrennpapier auslegen.

4

Den Teig halbieren, eine Hälfte wieder kühl stellen. Den Teig auf der bemehlten Arbeitsfläche mit einem bemehlten Rollholz ½ cm dick ausrollen und mit einem Glas von 3 cm Ø Kreise ausstechen, diese auf das Backblech legen (Seite 18/19).

5

Die Plätzchen auf der mittleren Schiene des Backofens 10 bis 12 Minuten goldgelb backen. Die fertigen Plätzchen mit einem breiten Messer zum Abkühlen auf ein Kuchengitter legen. Mit dem restlichen Teig ebenso verfahren.

6

Die Hälfte der abgekühlten Plätzchen mit der Marmelade bestreichen und jeweils ein unbestrichenes Plätzchen darauf setzen.

7

Den Puderzucker sieben, mit etwa 2 Eßlöffeln heißem Wasser verrühren und mit dem Zitronensaft mischen. Diese Glasur auf der Oberfläche der Plätzchen verstreichen (Seite 18/19), gut trocknen lassen.

8

Wer es perfekt machen will, bestreut jeweils ein Plätzchen mit Loch vor dem Zusammensetzen mit Puderzucker und setzt es auf ein ganzes, mit Marmelade bestrichenes – so sind sie auf der Umschlag-Vorderseite links zu sehen.

Pro Plätzchen etwa 320 kJ/75 kcal
1 g Eiweiß · 4 g Fett · 10 g Kohlenhydrate

Spitzbuben

Vollkorn-Nußtaler

Durch das Vollkornmehl schmecken die Plätzchen besonders kräftig.

Zutaten für etwa 80 Stück:
400 g Weizenvollkornmehl
2 Teel. Backpulver · ½ Teel. Zimtpulver
150 g brauner Zucker · 150 g gemahlene
Haselnüsse · 200 g Butter · 2 Eier
40 g ganze Haselnüsse zum Verzieren
Für das Backblech:
Fett und Backtrennpapier
● Vorbereitungszeit: 40 Minuten
● Zeit zum Kühlen: 1 Stunde
● Backzeit: 20 Minuten pro Blech

1

Das Mehl mit dem Backpulver, dem Zimt, dem Zucker und den gemahlenen Haselnüssen in einer großen Schüssel sehr gut mischen.

2

Die Butter auf einem Brett in Flöckchen schneiden. Die Butterflöckchen auf dem Mehl verteilen.

3

Die Eier aufschlagen und ebenfalls zum Mehl geben. Zunächst alles mit dem Rührlöffel mischen und den Teig zuletzt mit den Händen kräftig zusammenkneten.

4

Aus dem Teig 3 gleichlange Rollen von 3–4 cm Ø formen, diese einzeln in Pergamentpapier gewickelt 1 Stunde kühlstellen.

5

Den Backofen auf 150° vorheizen. Das Backblech einfetten und mit Backtrennpapier auslegen.

6

Die ganzen Haselnüsse mit einem scharfen Messer halbieren.

7

Von den Teigrollen mit einem dünnen scharfen Messer etwa ½ cm dicke Scheiben abschneiden, auf das Backblech legen und in jede Scheibe eine halbierte Haselnuß drücken.

8

Die Nußtaler auf der mittleren Schiene im Backofen in etwa 20 Minuten goldbraun backen. Die fertig gebackenen Nußtaler mit einem breiten Messer vom Backblech heben und auf ein Kuchengitter zum Abkühlen legen.

Pro Plätzchen etwa 260 kJ/60 kcal
1 g Eiweiß · 4 g Fett · 6 g Kohlenhydrate

Vollkorn-Nußtaler

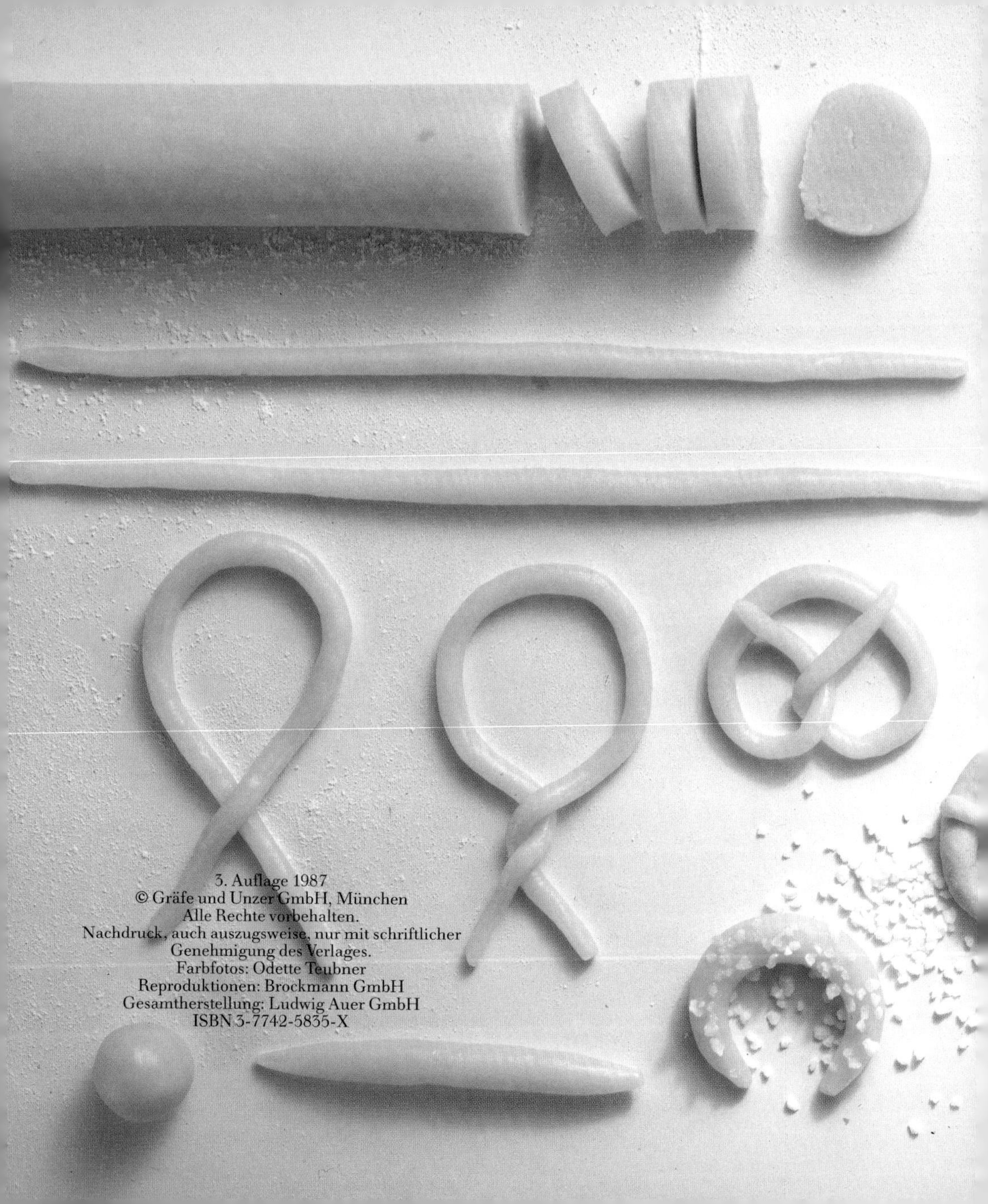

3. Auflage 1987

Farbfotos: Odette Teubner
Reproduktionen: Brockmann GmbH
Gesamtherstellung: Ludwig Auer GmbH
ISBN 3-7742-5835-X